BEI GRIN MACHT SICH I
WISSEN BEZAHLT

- Wir veröffentlichen Ihre Hausarbeit,
  Bachelor- und Masterarbeit

- Ihr eigenes eBook und Buch -
  weltweit in allen wichtigen Shops

- Verdienen Sie an jedem Verkauf

Jetzt bei www.GRIN.com hochladen
und kostenlos publizieren

Jurij Weinblat

Das Phänomen der illegalen Kopie

GRIN Verlag

Bibliografische Information der Deutschen Nationalbibliothek:

Die Deutsche Bibliothek verzeichnet diese Publikation in der Deutschen National-
bibliografie; detaillierte bibliografische Daten sind im Internet über http://dnb.d-
nb.de/ abrufbar.

Impressum:

Copyright © 2007 GRIN Verlag GmbH
Druck und Bindung: Books on Demand GmbH, Norderstedt Germany
ISBN: 978-3-656-55295-6

Dieses Buch bei GRIN:

http://www.grin.com/de/e-book/265693/das-phaenomen-der-illegalen-kopie

GRIN - Your knowledge has value

Der GRIN Verlag publiziert seit 1998 wissenschaftliche Arbeiten von Studenten, Hochschullehrern und anderen Akademikern als eBook und gedrucktes Buch. Die Verlagswebsite www.grin.com ist die ideale Plattform zur Veröffentlichung von Hausarbeiten, Abschlussarbeiten, wissenschaftlichen Aufsätzen, Dissertationen und Fachbüchern.

Das Phänomen der illegalen Kopie

Eine Facharbeit für das Fach Informatik (IF - GK 1)

-Mallinckrodt Gymnasium-

Erstellt von Jurij Weinblat (Stufe 12)

Geschichte

Problematik

Technische
Funktionsweis

Psychologie

Folgen & Zukunft

Inhaltsverzeichnis

1. *Einleitung in die Problematik*

In den Medien wird sehr viel darüber diskutiert, da sich viele PC-User beim Stichwort „Raubkopierer" angesprochen fühlen und auch die Software-, Musik- und Filmindustrie den Bundestag durch ihre Lobbyarbeit in der Vergangenheit sehr häufig dazu bewegt hat, das Thema auch in der Politik anzusprechen, um infolgedessen die Bürger durch Androhung von Freiheitsstrafen und Schadenersatzforderungen von der illegalen Kopie abzuschrecken. Doch man muss gar nicht so weit gehen, um zu verstehen, wie die Industrie zusammen mit der Politik den Sachverhalt betrachtet und vermittelt: Schon allein mit dem ersten Wort „Raub" assoziieren die meisten Vorstellungen wie: „Gewalt", „Überfall", „Verletzte", „Kriminalität", „Skrupellosigkeit", „Habgier", „Blut" und wohlmöglich auch „Tod". Es versteht sich an dieser Stelle von selbst, in welches Licht dadurch die betroffene Personengruppe gerückt wird.

Die Zielsetzung dieser Facharbeit ist auf keinen Fall so etwas wie eine Rechtfertigung für die Raubkopierer auszusprechen, sondern zusätzlich zu den oft wiederholten „Hilfeschreien" der sogenannten „Opfer" des unrechtmäßigen Vervielfachens von digitalen Inhalten auch die „Täter" und deren Beweggründe zu Wort kommen zu lassen: Ist der Familienvater, der seiner Familie den neusten James Bond Film mittels einer Tauschbörse heruntergeladen hat, wirklich so etwas, wie ein „digitaler Totschläger"? Sind es wirklich Skrupellosigkeit und Habgier, die viele junge Menschen dazu verleiten, sich ein Computerspiel brennen zu lassen, anstatt es legal zu erwerben? Auch sollen in dieser Auseinandersetzung die durchaus signifikanten Vorteile angesprochen werden, von denen sogar die Verbraucher profitieren, die noch nie mit illegal erworbenen Medien in Verbindung kamen und nicht zuletzt die nach eigenen Angaben angeschlagene IT-Branche, deren Projekte durch die Raubkopien zum Teil erst ermöglicht wurden. Es soll also versucht werden, ein objektives und vollständiges Bild der Problematik aufzuzeichnen, wobei auch die technische Seite angesprochen wird.
Es sei noch gesagt, dass bei dieser Auseinandersetzung der Fachbegriff „Schwarzkopie" statt „Raubkopie" verwendet wird, da er weniger wertend ist. Schließlich spricht man ja in anderen Bereichen vom „Schwarzfahren" und „Schwarzarbeiten" und nicht vom „Raubfahren" und „Raubarbeiten".

2. Die Geschichte des Raubkopierens: von der kopierten Kassette zur Tauschbörse

Im Grunde genommen begann die Geschichte der illegalen Kopie mit dem Erscheinen des Kassettenrekorders. Seit dem war es möglich gekaufte Kassette zu kopieren und diese an Freunde weiterzugeben oder sogar weiterzuverkaufen. Eine ähnliche Entwicklung fand bei der Erfindung des Videorekorders statt. Auch hier konnten Kauffilme kopiert werden, wenn man über zwei Rekorder verfügte. Jedoch handelte es sich immer um Analogkopien, da ja auch auf der Kassette Video- oder Audiomaterial in analoger Form vorlag. Somit war jede Kopie schlechter als das Original und die Anzahl der anfertigbaren Kopien aus einer Quelle war damit theoretisch beschränkt.

Nach der Einführung des Commodore 64, eines erschwinglichen Heimcomputers der achtziger Jahre, der vielfach als Spieleplattform von Jugendlichen eingesetzt wurde, kamen bereits auf jedes gekaufte Spiel nach Schätzungen der PC-Welt „Dutzende" (Hrsg. 2006, Phänomen Raubkopie, PC-Welt Digital 10/2006, S. 424) Schwarzkopien, die auf Schulhöfen kursierten. Bei den beiden PCs „Amiga" und „Atari ST" gingen ganze Firmen Bankrott, da ihre Spiele zwar gespielt aber kaum gekauft wurden.

Seit der Einführung des Computers, wie man ihn heute kennt, war die Compact Disc (CD) das am besten geschützte Medium, denn eine CD fasst viel mehr Daten als eine Diskette (640 Megabyte statt 1,44 Megabyte), sodass es praktisch kaum vorstellbar war, die Datenmenge auf mehr als 400 Disketten zu verteilen. Es gab zwar schon die ersten CD-Brenner und die passenden Rohlinge, doch beides war sehr teuer (ein Brenner kostete weitab der 1000 D-Mark) und auch längst nicht ausgereift: Brennvorgänge brachen erfolglos ab und dauerten selbst im Erfolgsfall sehr lange.

Doch nach der Einführung der PC-Spiele auf CD-ROM dauerte es keine fünf Jahre und sowohl die Brenner als auch die Medien wurden erschwinglich, sodass das Kopieren wieder günstiger wurde als der Kauf eines Originals. Da die Software-, Musik- und Spieleindustrie mit schweren Verlusten rechnete, setzte man auf den Kopierschutz, der aber in allen Fällen geknackt wurde.

Bei der DVD, die mit 4,38 bzw. 8,5 Gigabyte bedeutend mehr Daten speichern konnte als eine CD, konnte nur die Filmindustrie von den anfangs sehr teuren DVD-Brennern und Rohlingen profitieren, da nur wenige Endanwender über DVD-Laufwerke in ihren PCs verfügten und deswegen auch nicht die Software und Spiele auf DVDs kaufen wollten (vgl. Hrsg. 2006, Phänomen Raubkopie, PC-Welt Digital 10/2006, S. 424). Doch selbst die

Filmindustrie durfte sich nur sehr kurz „in Sicherheit fühlen", da bald darauf Programme erschienen, die den bei Video-DVDs verwendeten Kopierschutz „CSS" (Content Scrambling System) knacken konnten. Die hoch aufgelösten Videos wurden mit Hilfe von Programmen wie „DVD Shrink", „DVDx" und „AnyDVD" komprimiert und ins VCD-(Video CD), SVCD-(Super Video CD), MPEG-, DivX- oder XviD Format konvertiert, sodass sie in immer noch recht guter Qualität auf eine oder zwei CDs verteilt werden konnten.

Die letzte technische Entwicklung, die das Raubkopieren maßgeblich vereinfachte, war die weite und günstige Verfügbarkeit der schnellen und unlimitierten DSL-Flatrate und der vorangegangenen Entwicklung des MP3-Formates: Über Tauschbörsen hatte der Schwarzkopierer Zugriff auf Millionen von anderen Rechnern und stellte zugleich seine eigenen Dateien anderen Benutzern zur Verfügung (vgl. Krömer, Jan / Sen, Evrim, Hrsg. 2006, No ©opy , Tropen Velag, 1. Auflage S. 80). Wegen des riesigen Angebotes und dem Gefühl der Anonymität verbringen seitdem viele Benutzer weltweit Nächte vor ihren Computer, um sich Filme, Computerspiele, Audiodateien, Ebooks und Anwendungssoftware herunterzuladen. Auch locken in den Grauzonen des Netzes zahlreiche werbefinanzierte Warez-Websites mit ihrem umfassenden Angeboten und schnellen Downloads per Webbrowser. Lediglich die Viren, Spyware und Trojaner, die in diesen „Ecken" allgegenwärtig sind, trüben das Bild leicht.

3. *Kopierschutz aus technischer Sicht und wie Cracker ihn beseitigen können*

3.1 Technische Hintergründe

Es gilt als bewiesen, dass der „perfekte" Kopierschutz undenkbar ist, da die Daten kopierbar sein müssen, um auch ausführbar zu sein. Ein perfekt gesichertes Medium muss daher für den PC unlesbar und somit auch für die legale Benutzung unbrauchbar sein (vgl. Kopierschutz, http://de.wikipedia.org/wiki/Kopierschutz, 08.02.2007). Nichtsdestotrotz wird immer wieder versucht, die Anfertigung der Schwarzkopie dermaßen zu erschweren, dass zumindest Gelegenheitskopierer abgeschreckt werden.

Die meisten Schutzalgorithmen funktionieren dabei nach folgendem Prinzip:
Die originale Anwendung (oder PC-Spiel) liegt auf CD oder DVD vor. Das Medium beinhaltet vom Hersteller erzeugte Fehler, wie man sie auch von Kratzern her kennt. Will man das Medium mit herkömmlichen Brennprogrammen (z. B. Nero) kopieren, so bricht der Kopiervorgang bedingt durch diese Fehler ab. Fernerhin ist es zwar möglich, diese Lesefehler vom Brennprogramm ignorieren zu lassen, was zu einem scheinbar reibungslosen

Brennvorgang führt, doch überprüft die Software vor der Ausführung, ob diese Manipulationen noch vorhanden sind. Wurden sie ignoriert und fehlen auf der Kopie, so verweigert die Software den Dienst.

Neuerdings greifen aber die Hersteller härter durch:

Bei PC-Spielen hat sich in der Vergangenheit „**StarForce**" einen zweifelhaften Ruhm erarbeitet: Er prüft als Erstes, ob CD-Emulatoren auf dem PC ausgeführt werden, die digitale CD-Abbildungen (Images) als physikalische und originale CDs ausgeben. Wird er fündig, so muss der Anwender diese zuerst beenden. Fernerhin installiert StarForce zahlreiche Gerätetreiber, um die optischen Laufwerke überwachen zu können. Diese scheinen aber schlecht mit Windows zusammenzuarbeiten und als Folge verringert sich die Lesegeschwindigkeit der Laufwerke und sogar Systemabstürze sollen aufgrund der tiefen Systemeingriffe möglich sein. Es wird von Verbrauchern bemängelt, dass nach der Installation selbst Benutzer mit eingeschränkten Rechten Anwendungen auf Treiberebene ausführen können. Dies begünstigt die Installation von Trojanern, Viren und andere Malware. Weiterhin verträgt sich der Schutz nicht mit den Schutzvorkehrungen vieler anderer Hersteller und selbst wenn alles zu funktionieren scheint, so beansprucht StarForce permanent Rechenleistung, weil er im Hintergrund mit dem Systemstart aktiv wird und selbst eine Deinstallation des „geschützten" Spiels den Schutz unangetastet belässt (vgl. StarForce, 20.01.2007, http://de.wikipedia.org/wiki/StarForce).

Mit der DVD „Mr. & Mrs. Smith" kam der Schutz „**Alpha-DVD**" nach Deutschland. Wollte man den Film am PC betrachten, so wurde man zu seiner Installation aufgefordert. Er verhielt sich ähnlich wie StarForce und sorgte ebenfalls für viel Frust bei den Anwendern, da auch er Systemabstürze verursachte und vereinzelt auch das Brennen von (legalen) DVDs behinderte und sogar scheitern ließ, wenngleich sie auch nichts mit dem Film zu tun hatten (vgl. Video-Kopiersperre Alpha-DVD blockiert Brenner, 20.01.2007, http://www.heise.de/newsticker/meldung/69211).

Bei Audio-CDs versucht man darüber hinaus mit defekten Sektoren die CD für PC-Laufwerke als defekt zu kennzeichnen, wohingegen eine Wiedergabe mit herkömmlichen CD-Playern weiterhin möglich ist. Weiterhin wird versucht, die Audiospur der CD als Datenspur zu kennzeichnen, was Audiokopierprogrammen den Eindruck gibt, sie haben es mit einer Daten-CD zutun (vgl. Audiokopierschutz-Seite, 02.02.2006, http://www.mischobo.de/Audiokopierschutz/audioks.htm).

7

3.2 Nachteile durch den Einsatz eines Kopierschutzes

Der Schutz der Audio-CDs versucht die Wiedergabe auf PC-Laufwerken zu untersagen. In der Praxis überschneiden sich häufig die Techniken der CD-Laufwerke und der CD-Player bei MP3-fähigen Autoradios und bei DVD-Playern, die dann, genau wie der Computer, die Dienste verweigern können, selbst wenn der Benutzer ein Original abspielen will. Bei PC-Spielen greift der Schutz ständig auf das Medium im Laufwerk zu, um die Echtheit zu überprüfen. Dies sorgt oft für einen hohen Geräuschpegel und bedingt einen Verschleiß des Laufwerkes. Deswegen greifen selbst Benutzer legaler Versionen oft zum Crack (vgl. Krömer, Jan / Sen, Evrim, Hrsg. 2006, No ©opy , Tropen Velag, 1. Auflage S. 132).

3.3 Wie Cracker den Kopierschutz überwinden können

Technisch versierte Cracker betrachten den Schutz hingegen als Herausforderung und waren in ihren Bemühungen bisher immer erfolgreich, in manchen Fällen sogar noch vor der Vermarktung der Software. Zwar können auch Laien Datenträger mit illegalen Tools wie „CloneCD" oder „Alkohol 120 %" klonen, also eine originalgetreue Kopie samt Kopierschutz anfertigen, doch Cracker geben sich damit nicht zufrieden: Schließlich ist damit das „Rätsel" des Kopierschutzes nicht gelöst.

Um den Kopierschutz gänzlich auszuhebeln, bedienen sich Cracker des „Reverse-Engineerings". Dabei wird die kompilierte EXE-Datei, die die Software ausführt, in Assemblercode umgewandelt und mit einem Just-in-Time-Debugger durchlaufen, der während der Laufzeit die gerade relevante Stelle anzeigt. Stößt man so auf den Kopierschutz, so muss „nur" noch sein Algorithmus übersprungen werden, indem man den Code an dieser Stelle anpasst (vgl. Eggeling, Thomas / Löbering, Christian, Hrsg. 2007, Windows-Cracks, PC-Welt 1/2007, S. 186). Die Originaldatei wird durch die modifizierte ausgetauscht und der Kopierschutz wird damit entfernt.

Auf diese Weise lässt sich jede Software und jedes Spiel „knacken". Es wird jedoch komplizierter, wenn die Applikation mehrere unabhängige Kontrollalgorithmen beinhaltet.

4. „Digitale Mentalität" oder die Klassifizierung und Bekämpfung der Schwarzkopierer

4.1 Signifikante Vorbemerkungen zur Studie

Um die Psychologie und somit die Gründe des Schwarzkopierens zu verstehen und zum Schluss auch differenzierte Lösungsstrategien entwerfen zu können, habe ich an dieser Stelle die Studie „Digitale Mentalität" (SDM) (die Studie wurde von März bis Juni des Jahres 2004 vom Institut für Strategieentwicklung und der Universität Witten/Herdecke durchgeführt) ausführlich analysiert. Dabei fiel auf, dass diese Studie nicht als objektiv bezeichnet werden kann. Ein Grund dafür kann die Tatsache sein, dass die Firma Microsoft, die sich selbst als Opfer des Schwarzkopierens versteht, Dr. Andrea Huber als Experten für diese Studie zur Verfügung stellte. Ähnliches gilt für die Business Software Alliance und ihren Vertreter Georg Herrnleben. Auf diese beiden Firmen ist es wahrscheinlich zurückzuführen, dass die „ideologisch motivierten Raubkopierer" (SDM, S. 5 Z. 42), die ihr Handeln als „wirtschaftlichen Boykott der Preispolitik eines Softwaremonopolisten legitimieren" (SDM, S. 5 Z. 43-45), in dieser Studie aufgrund ihrer geringen Zahl nicht weiter behandelt werden (zwei weitere Zitate in der SDM mit ähnlichem Inhalt: S. 16 Z. 5-10 und S. 33 Z. 23-27).

Stattdessen werden diese Menschen, die wegen ihrer Überzeugung seitenweise Assemblercode studieren und nach Auffinden des Kopierschutzalgorithmus Cracks bereitstellen und daher das Raubkopieren in dem jetzigen Umfang erst ermöglichen, den „PC-Freaks" (dazu später mehr) zugeordnet (vgl. SDM S. 11 Z. 14-24).

Ein weiteres Indiz der Subjektivität ist die Tatsache, dass wiederum drei Mal gleichmäßig über die gesamte Studie verteilt ausgedrückt wird, dass keine Softwarefirma es sich leisten kann, die Schwarzkopierer zu ignorieren, auch wenn die Firma momentan nicht durch sie gefährdet wird (vgl. in SDM: S. 6 Z. 21-28; S. 10 Z. 27-37; S. 32 Z. 25-30). Diese Manipulation des Lesers ist dadurch zu erklären, dass sich unter den Lesern einer solchen Studie so manch ein Softwareentwickler befinden wird, der in Zugzwang gebracht werden soll. Um eine Strategie für diesen „Zug" zu entwickeln, liegt es nahe, sich an das Institut für Strategieentwicklung zu wenden.

4.2 *Einleitung und Vorüberlegungen der SDM*

Die SDM konzentriert sich fernerhin hauptsächlich auf das Kopieren von Software, jedoch lassen sich die meisten Schlussfolgerungen auch auf Spiele-, Musik- und Videokopien übertragen. Darüber hinaus betrachtet die Studie nur Schwarzkopierer, die Softwarekopien ausschließlich für sich, für ihre Familie und für ihre Freunde kostenfrei anfertigen. Kopierer, die die Software weiterverkaufen, bleiben ebenfalls unbeachtet.

Der Begriff Mentalität steht in der vorliegenden Auseinandersetzung für Denk- und Kommunikationsmuster. Das Adjektiv „digital" macht deutlich, dass man es im Internet mit einer speziellen Mentalität zu tun hat: Im Gegensatz zur Wirklichkeit schließen sich im Netz Kommunikation und Anonymität nämlich nicht aus.

Das Schwarzkopieren wird in der SDM als „Phänomen" (SDM S. 3 Z. 38), daher nicht den Erwartungen aus der Realität entsprechend, bezeichnet, da sich ein signifikanter Anteil der Bürger, trotz Kenntnis über die betreffenden Gesetze und die Rechtslage, über das

Urheberrecht hinwegsetzt und tagtäglich Straftaten begeht, die einen erheblichen wirtschaftlichen Schaden bewirken sollen. Es liegt daher nahe zu sagen, dass die Schwarzkopierer ihr Handeln nicht als Straftat deuten.

Um dieser Vermutung nachzugehen, wurden Recherchen, Experteninterviews und 126 Onlineumfragen durchgeführt und ausgewertet. Anhand der Ergebnisse wurden die Teilnehmer der Umfragen in vier Gruppen in Bezug auf das Thema Raubkopieren eingeteilt. Die Gruppenangehörigen unterscheiden sich zum einen im Umfang der angefertigten und tatsächlich eingesetzten Schwarzkopien („Raubkopierintensität") und fernerhin in ihrer Computerexpertise (vgl. Abb. 1).

Abb. 1, Quelle: SDM S. 18

Die „**PC-Freaks**" (10% der Beteiligten) sind im Durchschnitt 25 Jahre alt, technikbegeistert und verbringen einen bedeutenden Teil ihrer Freizeit vor dem PC. Dabei haben sie sich umfangreiche PC-Kenntnisse angeeignet. Sie laden sich jegliche Software herunter, die sie möglicherweise zu brauchen glauben. Da dies häufig über Tauschbörsen erfolgt, bieten sie ihre Sammlungen zugleich für andere zum Download an. Zusätzlich versorgen sie ihr Umfeld mit diesen Kopien.

Auch die „**Hobby-User**" (34 % der Beteiligten) gleichen sich den „PC-Freaks" in ihrem Verhalten im Bezug auf Schwarzkopien, doch sind sie durchschnittlich vier Jahre älter. Der Unterschied zu der ersten Gruppe besteht in der Computerexpertise: Bei Problemen wagen sich die Beteiligten nicht selbst an die Nachforschungen heran, sondern holen sich lieber Hilfe.

Die dritte Gruppe bilden die „**Pragmatiker**" (49 % der Beteiligten), deren Angehörige im Durchschnitt 34 Jahre alt sind. Das PC-Wissen ist bei dieser Gruppe relativ gering, da der Computer fast nur als Arbeitsgerät genutzt wird. Die Begeisterung für die moderne Technik ist nur sehr schwach ausgeprägt. Die Mitglieder verzichten häufig auf den Einsatz von illegalen Softwarekopien und wenn sie doch kopieren, dann nur das, was sie für ihre Arbeit tatsächlich benötigen.

Die „PC-Profis" (7 % der Beteiligten), die Mitglieder der letzten und kleinsten Gruppe, verhalten sich in Bezug auf das Urheberrecht gesetzeskonform. Der PC wird von diesen Menschen, deren Altersdurchschnitt 38 Jahre beträgt, für professionelle und anspruchsvolle Arbeiten eingesetzt und die Teilnehmer haben es beruflich bereits zu etwas gebracht. Daher besitzen sie und die „PC-Freaks" vergleichbar hohe Computerkenntnisse, jedoch greift diese Gruppe meist auf legale Software zurück.

Zusätzlich wird in der SDM die Problematik des Eigentumsbegriffes angesprochen: Im Falle von Software erwirbt der Käufer Verfügungsrechte und keine Eigentumsrechte. Man darf also lediglich die Software einsetzen und Sicherheitskopien anfertigen. Eine Weitergabe an Dritte ist verboten. In der Realität kann der Mensch sein Eigentum durch Zäune, Mauern, Tresore und Alarmanlagen schützen und anderen Menschen den Zugriff darauf verwehren. Im Falle von Software lässt sich dieses Szenario durch obligatorische Internetproduktaktivierungen simulieren. Ein weiterer Schutz ist das „Digital Rights Management"(DRM). Dabei werden jedem User (bzw. dessen Computer) individuelle Benutzerrechte zugesprochen.

Beide Systeme sind zwar ein Hindernis, aber kein wirklicher Schutz, da man jedes davon knacken kann.

4.3 Auswertung der Umfragen

Die Auswertung zeigte, dass 86 % der Befragten die Bestrafung der Schwarzkopierer befürworten, jedoch sagen lediglich 22 % der Befürworter, dass dies für Privatpersonen gelten sollte. 78 % lehnten dies bei privater Nutzung ab. Bei dem Einsatz für gewerbliche Zwecke sprachen sich wiederum 95 % für strafrechtliche Konsequenzen aus.

Fernerhin wollten die Meinungsforscher wissen, wie die 126 Befragten das Anfertigen von Kopien im Vergleich zum Ladendiebstahl einschätzen: 66 % dieser hielt Ladendiebstahl für gravierender, 30 % schätzte die beiden Straftaten gleich ein und 3 % war der Meinung, dass das Schwarzkopieren schlimmer sei. Der qualitative Teil der Umfrage zeigte, dass dies auf die Anonymität, die örtliche „Abwesenheit" des Geschädigten und die Tatsache, dass 60 % keine Angst haben gefasst zu werden, zurückzuführen ist. Ein weiterer Grund kann sein, dass fast niemand selbst das Opfer einer Urheberrechtsverletzung gewesen ist.

74 % der Befragten wussten im Allgemeinen, dass das für die Unternehmen durch illegale Kopien ihrer Software ein wirtschaftlicher Schaden entsteht. 60 % dieser 126 Leute waren

11

davon selbst dann noch überzeugt, als sie darauf hingewiesen wurden, dass keine physische Enteignung stattfindet.

Darüber hinaus waren sich 45 % darüber einig, dass dem Softwareentwickler alle Rechte über sein Werk anerkannt werden sollen und 53% wollten, dass er und seine Mitarbeiter für ihre Arbeit entlohnt werden. Nur 2 % betrachten Software als ein freies Gut.

Scheinbar unabhängig zu diesen Ergebnissen besaßen zwei Drittel dieser Leute mehr oder weniger viele Raubkopien. Somit scheint es keinen Zusammenhang zwischen einem Rechtsbewusstsein und dem tatsächlichen Einsatz von illegaler Software zu geben.

4.4 Deutung der Ergebnisse

Die Verantwortlichen der SDM erklären sich diesen Widerspruch, indem sie klarstellen, dass zur Befolgung eines geltenden Gesetzes die bloße Kenntnis nicht ausreicht, wenn zugleich nicht die Akzeptanz, Nachvollziehbarkeit und die Überzeugung von der Richtigkeit des Gesetzes im Inneren der Person vorhanden sind. Diese drei Faktoren werden unter dem Begriff „intuitives Rechtsempfinden" zusammengefasst.

Weiterhin will ein erheblicher Teil der Schwarzkopierer seinerseits nicht nur Empfänger der Kopien sein, sondern sich „im Sinne eines Gebens und Nehmens" (SDM S. 26 Z. 31-32) selbst erkenntlich zeigen.

Ein dritter Grund ist die Tatsache, dass die Gefahr erwischt zu werden geringer ist, als vom Blitz getroffen zu werden und mit jedem weiteren Schwarzkopierer weiter sinkt.

4.5 Konsequenzen und Lösungsstrategien

Um die Zahl der Schwarzkopierer einzudämmen, folgen aus den oben erläuterten Deutungen drei denkbare Lösungsansätze:

Es ist möglich, dass die Softwareindustrie mit Hilfe von Drohungen, wie man sie von der Film- und Musikindustrie kennt (Stichwort: Kampagne „Raubkopierer sind Verbrecher"), symbolisch Benutzer von Tauschbörsen anzeigt. Jedoch interpretiert ein Großteil der Bevölkerung diese Kampagne als „Ausdruck von Ratlosigkeit" (SDM S. 27 Z. 43) und eine Verhaltensänderung der Verbraucher blieb im Großen und Ganzem ebenfalls aus. Für die Softwarebranche kommt erschwerend hinzu, dass die meisten Menschen hinter der Musik- und Filmindustrie keine einzelnen Firmen sehen, sondern mehr auf die Interpreten und Filmtitel achten, wohingegen zum Beispiel Norton, McAfee, Kaspersky, G-Data usw. um das beste Antiviren-Programm konkurrieren. Würde eine dieser Firmen durch das Anzeigen von Schwarzkopierern für Aufsehen sorgen, so würde dies für ein schlechtes Image sorgen und den Verdacht von Spionage erzeugen. Die Umsatzeinbußen wären enorm.

Eine weitere Erfolgsstrategie ist es, dem Kunden gar nicht in Verlegenheit zu bringen, die Software als Eigentum wahrzunehmen, indem sich das gesamte Programm nie ganz auf der Festplatte befindet, sondern immer nur der gerade benötigte Teil. Google verfolgt dieses „Application Service Providing" genannte Prinzip zum Beispiel mit seinem Microsoft Word- und Excel-Ersatz „Google Docs & Spreadsheets". Doch auch dies ist nur ein Umgehen der Problematik und keine Auseinandersetzung.

Stattdessen empfehlen die Autoren der SDM der Softwareindustrie die „Digital Honesty"(DH) als einen gesellschaftlichen Wert zu etablieren. DH ist eine Neudefinition des Eigentumsbegriffes in Bezug auf Software, das dem Entwickler sämtliche Eigentumsrechte über sein Werk zuspricht. Da dieser Begriff sehr abstrakt ist, sollen die betroffenen Unternehmen bereits in der Schule ihrem „Bildungsauftrag" nachgehen. In der Praxis bedeutet DH eine differenzierte Kommunikation mit den vier oben genannten Gruppen und das Schwarzkopieren als potenzielle Nachfrage zu betrachten.

„PC-Freaks" kann man zum Teil zu „PC-Profis" „bekehren", indem man sie als Spezialisten anerkennt, indem man sie zum Beispiel mit Hilfe von Betatests in die Softwareentwicklung involviert und auf ihre Kritik hört. Microsoft lies beispielsweise alle Interessierten kostenlos Betas von Windows Vista testen. Benutzer, die dabei Bugs aufspürten, wurden später mit einer kostenlosen Vollversion für ihr Engagement belohnt.

Für die „Hobby-User" soll das DRM die beste Lösung sein, weil dieses Verfahren einen individuellen Umgang mit jedem einzelnen User ermöglicht. Wenn dabei der Datenschutz gewahrt wird, wird diese Gruppe laut der SDM darauf eingehen.

Die „Pragmatiker" sind der Studie zufolge die am wenigsten Zahlungsbereite „Kundschaft", daher soll es am sinnvollsten sein, sie mit kostenlosen oder vergünstigten Versionen von Software zu gewinnen, auch wenn diese Programme weniger Funktionen bieten. Avira bietet in diesem Sinne die kostenlose „Classic" Version seines AntiVir-Programmes an. Dies ist gut für das Image und legitimiert die Sanktionierung derer, die trotzdem weiterhin illegale Kopien anfertigen.

Die „PC-Profis" gilt es als Meinungsführer zu kennzeichnen und sie durch eine hohe Qualität der Software, sowie durch eine ehrliche Kommunikation (falls doch mal Bugs erst im Nachhinein auffallen sollten) zu binden und sie keineswegs aufgrund ihrer geringen Zahl und der niedrigen Kopierintensität zu vernachlässigen.

Die SDM möchte die DH zu einem gesellschaftlichen Wert machen. Jedoch bezweifele ich die Realisierbarkeit dieses Vorhabens. Die Begründung erfolgt am selbst erfundenen Beispiel der Ampel:

Als kleines Kind bringen die Eltern einem bei, Straßen nicht bei Rot zu überqueren. Auch kommt ein Polizeibeamter an die Grundschulen und zeigt allen, wie man sich an Ampeln zu verhalten hat und erklärt, welche Gefahren drohen können. An vielen großen Ampeln sind zusätzlich Warnschilder angebracht. Schließlich lernt man in der Fahrschule die Konsequenzen des „Über-Rot-Gehens" aus einer anderen Perspektive kennen. Hört man deswegen auf, über Rot zu gehen, wenn man sonst den Bus verpasst, und kann die Softwareindustrie noch stärker in unser Rechtsbewusstsein eindringen? Die Antwort kann nur „nein" lauten.

In der Praxis hat sich hingegen eine andere Art des „Kopierschutzes" behauptet, auch wenn sie nicht auf alle digitalen Inhalte angewendet werden kann und die eigentliche Problematik ebenfalls nur umgeht: Das Spiel „Die Sims 2" verkaufte sich hervorragend, da es eher die weibliche Kundschaft ansprach. Diese hat oft keine Lust sich mit dem Cracken von PC-Spielen auseinanderzusetzen und bevorzugte deswegen den Kauf des Originals.

5. *Die Folgen und die Zukunft der Schwarzkopie*

Auf der einen Seite entstehen für den Entwickler durch jedes unrechtmäßige Kopieren seiner Produkte Einnahmeausfälle, jedoch nur, wenn man davon ausgeht, dass jede kopierte Software auch gekauft werden würde. Dies ist jedoch nur selten der Fall, denn Adobes 1000 Euro teures „Photoshop", das sehr gerne kopiert wird, ist für viele Privatanwender unbezahlbar. Auch braucht nur ein Bruchteil der Anwender das im Vergleich zu Windows XP Home anderthalb Mal so teure XP Professional. Ferner bedienen sich zahlreiche Anwender am kolossalen Angebot der Tauschbörsen, um die Software ausgiebig zu testen, denn niemand kauft gerne „die Katze im Sack" und die kostenlose Demoversion bietet manchmal keinen Zugriff auf die Funktion, die einen interessiert. Die „PC-Freaks" sind gar nicht in der Lage, ihre Sammlungen an Software und Multimediadateien anzuschauen. Auch bei ihnen kann man also nicht davon ausgehen, dass sie all ihre Inhalte auch kaufen würden. Die verbleibenden Einbußen werden möglicherweise durch Arbeitsplatzabbau oder durch höhere Preise refinanziert, doch auf der anderen Seite darf man nicht vergessen, dass die Tauschbörsen und Warez-Websites eine Art Konkurrenz zur Softwareindustrie darstellen.

14

Würde ein „unbezwingbarer" Kopierschutz erscheinen, so müsste man mit noch stärkeren Preissteigerungen rechnen, da nun kein Weg am Kauf vorbeiführt. Solange dies nur ein Gedankenexperiment bleibt, werden auch die Preise weitgehend stabil bleiben, da jede Erhöhung die illegale Kopie attraktiver macht.

Man kann davon ausgehen, dass sich Microsofts Windows und Office niemals dermaßen etabliert hätten, wenn man sie nicht kopieren könnte: Dies führte nämlich zu einer steigenden Bekanntheit der Produkte unter den Verbrauchern. Ein Unternehmen, das auf den Kauf der Originale von z. B. einer Textverarbeitung für die Sekretärin angewiesen ist, greift in der Regel zu Microsofts Lösung und nicht mehr zum kostenlosen „OpenOffice.org", da die meisten Anwender nichts damit anfangen können und eine Fortbildung bräuchten, deren Kosten höher liegen als die der Lizenzen. Ähnliches gilt auch für Photoshop, das wohl hauptsächlich durch die Nachfrage der Unternehmen das nötige Geld eingebracht hat, das Adobe dann in seine Weiterentwicklung zum Marktführer investiert hat.

Einige Schwarzkopierer sehen es zudem nicht gerne, dass sie mit dem Kauf ihrer Musik-CD die Verluste der nicht erfolgreich gewordenen Künstler der Plattenfirma mitfinanzieren, also praktisch für die Fehleinschätzungen der Manager und Marktforscher aufkommen. Weiterhin stellen viele Anwender nach dem Kauf des neuen Albums einer Band fest, dass ihnen nur ein kleiner Teil der CD wirklich gefällt und die restlichen Lieder eher als „Lückenfüller" eingesetzt wurde, die man aber trotzdem bezahlen musste. Zwar bieten legale Downloadportale, wie Itunes und Musicload, den selektiven Download und ein Probehören, doch stört bei dieser Möglichkeit der aggressive DRM-Schutz, mit dem nicht alle MP3-Player und noch weniger Handys zurechtkommen. Ferner lernen viele User erst durch illegale Tauschbörsen neue Bands kennen und kaufen sich dann die nächste CD oder besuchen das Konzert. Daran verdient die Industrie.

Zudem kann kaum ein Jugendlicher 50 Euro für ein neues PC-Spiel investieren und 15 Euro für eine DVD, die meist nur ein bis zwei Mal angeschaut wird.

Aus diesen Gründen, die in den Medien nicht zur Sprache kommen, jedoch aber viele Verbraucher prägen, wird der Begriff „Raubkopierer" noch sehr lange aktuell bleiben. Auch der Kopierschutz „AACS" (Advanced Access Content System) der gerade erschienen DVD-Nachfolger Blue-ray und HD-DVD ist bereits umgangen worden (vgl. Kolokythas, Panagiotis, Jetzt offiziell: AACS wurde erfolgreich angegriffen, 26.01.2007, http://www.pcwelt.de/news/unterhaltung/70052/index.html). Diese Datenträger der Zukunft werden mehrere Spielfilme speichern können, von denen aber vermutlich nur einer freigeschaltet sein wird. Den Rest muss der Käufer sich gegen eine Gebühr freischalten. Keine Frage, dass der ein oder andere Benutzer kein zweites Mal für „seinen" Datenträger bezahlen wollen wird.

16

Literatur- und Quellenverzeichnis

Bücher

- ✓ Krömer, Jan / Sen, Evrim, Hrsg. 2006, No ©opy , Tropen Velag, 1. Auflage

Studien

- ✓ Baecker, Prof. Dr. Dirk / Hannes, Ludwig / Batarilo, Dunja / Schäufele, Milena / Wieland, Dr. Michael / Dolderer, Manuel / Wöbken, Hergen, Hrsg. März – Juni 2004, Digitale Mentalität, Institut für Strategieentwicklung in Kooperation mit der Universität Witten/Herdecke.
  Einsehbar unter:
  http://download.microsoft.com/download/D/2/B/D2B7FE98-CA92-4E18-ACD6-94A915B4CAFF/Digitale_Mentalitaet.pdf

Zeitschriften

- ✓ Eggeling, Thomas / Löbering, Christian, Hrsg. 2007, Windows-Cracks, PC-Welt 1/2007, S. 186 – 192.
- ✓ Hrsg. 2006, Phänomen Raubkopie, PC-Welt Digital 10/2006, S. 424 – 429.

Internetseiten

- ✓ Kolokythas, Panagiotis, Jetzt offiziell: AACS wurde erfolgreich angegriffen, 26.01.2007.
  Einsehbar unter:
  http://www.pcwelt.de/news/unterhaltung/70052/index.html
- ✓ Audiokopierschutz-Seite, 02.02.2006.
  Einsehbar unter:
  http://www.mischobo.de/Audiokopierschutz/audioks.htm
- ✓ Content Scrambling System, 20.01.2007
  Einsehbar unter:
  http://de.wikipedia.org/wiki/Content_Scrambling_System
- ✓ Kopierschutz, 08.02.2007
  Einsehbar unter:
  http://de.wikipedia.org/wiki/Kopierschutz
- ✓ StarForce, 20.01.2007
  Einsehbar unter:
  http://de.wikipedia.org/wiki/StarForce
- ✓ Video-Kopiersperre Alpha-DVD blockiert Brenner, 20.01.2007
  Einsehbar unter:
  http://www.heise.de/newsticker/meldung/69211